Lk 2310.

HISTOIRE

DU

MONASTÈRE DE SAINT-ARNOUL

DE CRÉPY, EN VALOIS,

PAR M. AMAND PETIT,

Membre correspondant de la Société de Sphragistique,
membre de plusieurs sociétés savantes.

Extrait du N° de Janvier 1854 du Recueil de la Société de Sphragistique.

PARIS,
IMPRIMÉ CHEZ BOUCQUIN, RUE DE LA SAINTE-CHAPELLE, 5.

1854.

HISTOIRE

DU MONASTÈRE DE SAINT-ARNOUL DE CRÉPY, EN VALOIS.

Ce sceau, en cuivre rouge, de la grandeur du dessin, appartient à M. Tournus, curé de Thorigny, près Lagny, qui a eu l'obligeance de me le confier.

Saint Arnoul est assis, regardant en face et donnant la bénédiction de la main droite; dans sa main gauche il tient une crosse dont la volute est tournée de son côté; il est coiffé d'une mitre. Sa légende est ainsi conçue : ✠ *SIGILLVM · SANCTI · ARNVLFI · DE · CRISPEIO.*

Raoul, comte de Crépy, fonda, en 949, dans la chapelle de son château, un chapitre de Prébendés, pour honorer les reliques de saint Arnoul, qu'il y déposa. Un prêtre, nommé Constance, natif de Vez, étant employé dans l'église du pays chartrain où le corps du martyr reposait, s'empara, pendant que ses confrères se reposaient des veilles de la nuit, de ces restes précieux, et, après les avoir placés dans un sac rempli de laine, les rapporta à Roquemont d'abord, puis à Vez, où ils opérèrent plusieurs miracles.

Le comte en ayant été informé, obtint de Constance la concession de ces reliques, qui furent transférées avec une grande pompe à Crépy, le 29 septembre 949. Le nouvel établissement fut doté de la terre d'*Auger-Saint-Vincent*, et reçut bientôt de la piété des fidèles de nombreuses donations.

Raoul donna au prêtre Constance la cure de Vaumoise, près Crépy, où l'on s'était arrêté en transportant les reliques de Vez en cette ville ; il lui donna en outre une prébende du chapitre qu'il venait de fonder, mais celui-ci ne jouit pas longtemps de sa bonne fortune : il se souilla publiquement par une action si honteuse que le comte fut obligé de le chasser, à la sollicitation de ses confrères. Constance perdit par un adultère ce qu'il avait gagné par un larcin (1).

Gautier, dit le Blanc, dit le Vieux, fils de Raoul, indigné de la conduite licencieuse que menaient les religieux, transporta ce chapitre au fief des Bordes, près d'une chapelle dédiée à saint Étienne. Il lui substitua ensuite des moines de l'ordre de Saint-Benoist, en faveur desquels (2) il bâtit des lieux réguliers, leur transmit des droits annuels que lui devaient les habitants du bourg, et leur donna pour chef un moine nommé *Girard*, religieux de Rebais, disciple de Gerbert depuis Sylvestre II. Girard était d'un rare mérite ; il rétablit une règle sévère, et, sous sa direction, le monastère s'accrut et acquit une réputation de régularité qui s'étendit en peu d'années. Après avoir dirigé pendant vingt et un ans ce monastère, mandé par le duc de

---

(1) L'abbé Corlier, t. Ier, rapporte plusieurs miracles qui eurent lieu lors de la translation des reliques de saint Arnoul.

(2) Il rétablit l'église dans l'angle de son château à la place de l'ancienne.

Normandie, il se rendit à Fontenelles, pour y fonder une abbaye. Il y fut victime de son zèle et mourut assassiné par un moine, dans la nuit du 29 au 30 décembre 1031, et ensuite canonisé comme martyr.

Gautier fit achever le chœur de l'église, mais il laissa la nef imparfaite, et, voulant rendre le culte de saint Arnoul plus solennel, il fit placer la châsse dans l'endroit le plus apparent, et fit venir de Grèce un tapis de soie qui passait à cette époque pour un morceau rare et précieux, à l'effet d'y déposer les reliques lorsqu'elles étaient exposées.

De cette époque date l'hôpital Saint-Michel, fondé par Gautier, pour les pèlerins qui venaient en foule rendre hommage aux reliques de saint Arnoul (1).

L'abbé *Lescelin* succéda à saint Girard et mourut à Crépy, en 1031, après quatre années d'une excellente administration. Il est auteur d'une *Vie de saint Arnoul,* en quatre livres en vers, et de l'*Histoire de la translation de saint Arnoul au château de Crépy.*

Il eut pour successeur l'abbé *Hugues.* Vers l'an 1059, ce dernier assista au sacre et au couronnement de Philippe Ier, et mourut en 1065 ; il fut également mis au nombre des saints.

Le comte Raoul III fit achever l'église de Saint-Arnoul qui, à cette époque, par sa grandeur et sa magnificence, passait pour une des plus belles églises qu'il y eût en France.

Par une charte de 1053, il fit don au monastère de l'église de Bonneuil. Le corps de ce seigneur, qui avait été inhumé à Montdidier, fut solennellement rapporté à Saint-Arnoul, au mois d'avril 1076. Les religieux avaient fait disposer à cet effet un caveau au côté gauche du sanctuaire de l'église, mais, suivant l'usage du temps, placé extérieurement.

(1) *Voir* la lettre du curé de Crépy.

Le comte *Simon*, son fils et successeur, par une charte de 1077, donna à cette occasion la terre de Bonneuil avec d'autres présents au chapitre. Ces religieux ne conservèrent par la suite que la ferme dite de Saint-Arnoul de Bonneuil, qui fut vendue nationalement en 1792, et ils continuèrent néanmoins de nommer à la cure.

Le même seigneur, voulant soumettre la communauté à l'ordre de Cluny, qui jouissait à cette époque d'une grande réputation, fit venir à Crépy Hugues, général de l'ordre, pour procéder à sa réforme; il fut reçu avec les honneurs dus à sa haute position. Ayant pris connaissance de la règle et de l'administration de Saint-Arnoul, il changea le titre d'abbé en celui de prieur, suppression qu'il opéra dans toutes les abbayes de sa dépendance, à l'exception de deux ou trois, d'où lui est venu le nom de *Casse-Crosse*. Il fixa le nombre de profès à vingt-huit, et régla divers services entre lesquels on remarque une messe pour le roi de Sicile.

Rahérius, alors abbé, sur les remontrances du général de l'ordre, abdiqua sa qualité d'abbé pour celle de prieur.

Peu de temps après cette réforme, et après avoir fondé douze prieurés, le comte Simon fit profession à Saint-Claude, et, à l'exemple de saint Arnoul, entreprit de visiter les lieux saints et se rendit à Jérusalem, où il alla en habit de moine visiter Hugues, supérieur du monastère de Josaphat. Ce dernier donna une lettre pour le prieur de Crépy, portant en substance qu'il charge le comte Simon de lui remettre du bois de la vraie croix, un morceau du sépulcre de J.-C., un morceau de la crèche où il est né, et un autre morceau du tombeau de la Vierge. La lettre porte la date de 1081.

A son retour, le comte remit à Étienne Ier ce dépôt; le tout fut enchâssé dans une croix en vermeil d'un riche travail. A la révolution de 93, ces objets précieux disparurent ainsi que le tapis que Gautier avait fait venir de Grèce pour l'exposition des reliques de saint Arnoul.

Une inscription déposée dans une croix d'argent de la paroisse de Morienval nous donne une description fidèle desdites reliques.

Nous citons textuellement :

« Monsieur,

» Si je l'osais, je me permettrais de vous féliciter de l'emploi que vous faites des talents que la Providence vous a départis. Faire revivre l'abbaye de Saint-Arnoul est une œuvre louable, et qui ne manquera pas d'intéresser les lecteurs de notre contrée et tous ceux qui s'occupent des faits historiques. Pour mon propre compte, je me ferai un bonheur de lire les pages que vous devez publier sur ce sujet.

» Aussi bien, suis-je heureux de pouvoir apporter mon petit contingent, ma petite collaboration, mon grain de sable à votre travail.

» Immédiatement après avoir reçu votre lettre, je me suis empressé de me rendre à Fresnoy-la-Rivière, pays distant de Morienval à peu près d'un kilomètre, pour demander à mon confrère s'il ne posséderait pas quelques notes laissées par M. l'abbé Vaquette, ex-religieux de Saint-Arnoul, devenu curé de ladite paroisse après la révolution de 93, et mort après avoir fait le bien, entouré de toutes les bénédictions des habitants qui l'ont longtemps pleuré et qui ne l'oublieront jamais.

» Malheureusement mon confrère n'a rien trouvé. . . . .

» Je me contente donc de vous envoyer copie des lignes que j'ai trouvées déposées dans une croix d'argent de la paroisse de Morienval ».

« Le bois de la vraie croix renfermé dans ce reliquaire, par la permis-
» sion et l'autorité de M. Clausel de Coussergues, vicaire-général capitu-
» laire d'Amiens, a été extrait d'un morceau de la vraie croix, donné
» par le Saint-Siége à l'abbaye de Saint-Arnoul de Crépy, et échappé à
» l'orage de la révolution par les soins de M. Vaquette, religieux de la-
» dite communauté, et revêtu d'un certificat dudit Vaquette, dont la teneur
» suit :

» Bois très authentique de la vraie croix de N.-S. J.-C., que j'ai retiré
» d'une croix d'argent de Saint-Arnoul de Crépy, lorsque les religieux

» furent obligés d'envoyer leur argenterie à la Monnaie. Cette relique
» précieuse était accompagnée d'un procès-verbal en parchemin, signé,
» dressé par Monseigneur l'évêque de Senlis lors de la réception du bois
» envoyé par le Saint-Siége à la communauté de Saint-Arnoul. Depuis cette
» époque, elle a toujours été exposée à la vénération des fidèles le Vendredi-
» Saint et les deux fêtes de la Sainte-Croix. Ce que je certifie véritable.
» Je soussigné, ci-devant desservant de Saint-Arnoul, actuellement
» desservant de Fresnoy-la-Rivière. Le 2 mai 1800.— *Signé* : VAQUETTE. »

« Le susdit morceau de la vraie croix ayant été partagé par la moitié, en présence et par la permission de M. Clausel, vicaire-général d'Amiens, par M. Martin, desservant de Morienval, qui lui a présenté ladite relique, le 14 mai 1818.

» Une portion a été remise dans le reliquaire de Fresnoy, le même jour, avec le certificat de M. Vaquette, sur le verso duquel M. le vicaire-général a écrit ce qui suit : *Approbation des reliques*.

» Quant à la seconde portion du morceau de la vraie croix, dont a été gratifié M. le desservant de Morienval, en voici la description :

» Sa longueur. . . . 21 lignes 1/2;
» Son épaisseur. . . . 2 lignes 1/2 dans la plus forte partie;
» Sa largeur : { par un bout. . . . 2 lignes,
　　　　　　　　par autre bout . . . 1 ligne,
　　　　　　　　milieu. . . . . . 2 lignes 1/2.

» Le morceau est inégal dans toute sa longueur.

» On y voit la place où il tenait au morceau d'où il a été détaché, et remis, pour la première portion seulement, dans le reliquaire de Fresnoy.

» Ici suit la description de la croix argentée dans laquelle a été remis ce précieux morceau. Je doute que vous ayez besoin de ladite description, partant, je ne la transcrirai point.

» Le tout a été signé par M. l'abbé Martin, ex-vicaire de Morienval, devenu curé après son retour de l'émigration ; puis, certifié conforme à la vérité, par M. Clausel de Coussergues, et revêtu de son sceau.

» Telle est, Monsieur, la note que j'ai trouvée et qui a rapport à un objet du prieuré de Saint-Arnoul de Crépy. Je suis enchanté de l'occasion que vous m'avez offerte de vous la transmettre ; plus heureux encore si j'avais pu obtenir plus de renseignements, plus de détails, plus de faits concernant ledit prieuré et ses habitants.

» Mais il est excessivement probable que je n'aurais fait que reproduire des documents que vous avez déjà. Si, toutefois, mon confrère de Fresnoy, en feuilletant ses papiers, venait à mettre la main sur des écrits provenant de M. Vaquette et relatifs à son ancien état de religeux de Saint-Arnoul, soyez convaincu que j'aime trop la science de l'histoire et les historiens pour ne pas me faire une joie de vous les faire passer.

» Soyez assuré que vous ne m'importunerez jamais, Monsieur, et que les démarches et les travaux ne me coûteront nullement, quand il s'agira de vous être utile et d'être utile à la vraie civilisation.

» Votre tout dévoué serviteur,

» RÉAUX, *desservant de Morienval.*

» 30 Avril 1853. »

Le comte Simon mourut à Rome, le 30 septembre 1082, entre les bras du pape Grégoire VII, qui lui fit rendre les plus grands honneurs et le fit inhumer dans le caveau des papes. Il fut aussi mis au nombre des saints.

Les religieux, considérant le comte Simon comme leur second fondateur, signalèrent leur reconnaissance par un superbe mausolée qu'ils consacrèrent à sa mémoire.

Hugues-le-Grand, comte de Crépy, acheva l'église à laquelle il manquait encore quelques ornements. Il se rendit l'intermédiaire entre l'évêque de Senlis et les religieux de Saint-Arnoul, dont la puissance spirituelle se trouvait partagée entre ce prélat et l'abbé de Cluny; l'évêque consentit à tout ce que désirait le comte et envoya son désistement à l'abbé de Cluny ; la lettre est de l'an 1095.

Odon, connu aussi sous le nom de Eudes, succéda à Étienne Ier; il devint dans la suite abbé de Saint-Crépin.

En l'an 1116, une difficulté s'étant élevée entre les religieux et Enguerrand, au sujet des droits dus par les habitants du bourg, ce dernier entra dans le faubourg accompagné d'un parti très nombreux, auquel les religieux ne jugèrent pas à propos d'opposer la moindre résistance. Le prieur Hugues, Ier du nom, convoqua, dans l'intérieur du couvent, une assemblée solennelle, à laquelle il invita les personnes les plus considérables de la contrée. L'affaire qui divisait Enguerrand et la communauté ayant été mise en délibération, Enguerrand ne fut pas trouvé recevable dans ses prétentions; l'assemblée le manda : instruit du nombre et de la qualité des personnes qui la composaient, il sentit son crédit anéanti, prit la fuite avec ceux de son parti et ne reparut plus.

Adèle de Vermandois, veuve de Hugues-le-Grand, comte de Crépy, donna, vers 1118, aux Bénédictins, tout ce qu'elle possédait dans *Feignexu, Vez* et *Largny*, les chargeant de prières pour son mari mort à Tarse, en Cilicie, le 18 octobre 1102, ainsi que pour ses enfants. Dès 1119, le prieuré avait aussi dans sa dépendance ceux de *Francières* (canton d'Estrées), de Sainte-Agathe, à Crépy, l'église de *Vermeilles*, au diocèse de Meaux, le prieuré de Marmoutier, près Montdidier, l'église de Saint-Germain, près Pontoise, le prieuré de Saint-Leu-d'Esserent, canton de Creil, et d'autres bénéfices. Le prieur *Hugues Ier* mourut en 1120; il fut successivement remplacé par *Richard Ier*, *Imare* et *Hugues III*.

Raoul IV ou Radulphe, comte de Crépy, grand-maître d'hôtel de Louis-le-Gros, chargé par le monarque de rester à Reims après le sacre de Louis-le-Jeune, son second fils, auprès du pape Innocent II, qui s'était réfugié en cette ville par suite de la lutte qu'il soutenait alors contre l'anti-pape Anaclet, invita le pontife à venir en son château de Crépy, où il pouvait le recevoir avec plus de magnificence. Pendant ce temps le pape conçut des impressions favorables à l'ordre de Cluny, auquel il donna depuis des marques du plus haut intérêt. On a de lui une bulle datée de l'an 1136, qui confirma à l'abbé de Cluny quelques dépendances de son monastère, situées près de Montdidier dans le domaine de Raoul.

Raoul fut successivement excommunié par le pape Innocent II et le pape Célestin II, pour avoir répudié sa femme et avoir épousé Alix, sœur de la reine; à la mort de sa première femme, arrivée en 1146, l'anathème fut levé. Il fonda plusieurs abbayes et répandit ses bienfaits sur le monastère de Saint-Arnoul. A sa mort, arrivée en 1151, il put laisser à l'abbaye de Cluny 500 marcs d'argent d'un seul article, sans compter les autres donations.

L'ordre entier de Cluny lui rendit les honneurs qu'on n'accordait qu'aux têtes couronnées. Il fut inhumé à Saint-Arnoul.

De Hugues II, qui eut avec Raoul, relativement au marché de Crépy, un différend arrangé par Louis-le-Gros, en 1133, l'administration passa à *Hugues III*, qui abdiqua, en 1147, pour être fait abbé de Saint-Germain-des-Prez. Il fut suivi de *Simon* qui présida aux funérailles de Raoul IV, de Milon et de *Thibaut*, l'un des supérieurs les plus illustres qu'ait eu la maison de Saint-Arnoul.

Thibaut, fait prieur vers 1162, devint successivement abbé de Saint-Basle, de Saint-Crépin-le-Grand, de Soissons, supérieur de l'ordre de Cluny, et enfin cardinal. Il fit plusieurs voyages au château de Crépy, et il assista à la dédicace de l'église collégiale de Saint-Thomas de cette ville.

Etienne II prit la place de Thibaut ; il ne fit rien de remarquable non plus que ses successeurs, *Hubert* ou *Imbert,* qui reçut une bulle du pape Luce III, du 12 mai 1184, confirmant toutes les possessions du monastère. La comtesse Éléonore ajouta, en 1187, un droit d'usage dans la forêt de Retz.

Richard, *Garnier* et *Geoffroy* lui succédèrent. Ce dernier était en même temps prieur de Nanteuil. Après lui vinrent *Guy*, *Guichard* et *Foulques* ou *Fulcon* ; celui-ci administrait en même temps le prieuré de Coincy. Guérin, évêque de Senlis et parent de Fulcon, intervint dans un procès entre les religieux de Crépy et les religieuses du Parc-aux-Dames; il réussit à mettre les parties d'accord, et ces dernières consentirent à payer deux redevances annuelles, l'une de 10 sols parisis et l'autre de 45 livres pour l'emplacement de leur église.

Henri, Pierre Ier et Landry furent successivement prieurs de ce monastère. Landry racheta, en 1243, les dîmes de Chezy, en Orceois.

Le prieur *Nicolas Ier*, qui vint après Landry, fit presque reconstruire et exhausser l'église, et renouvela le cloître; ce prieur vivait encore en 1264.

Pierre de Livry et Jean de Méry lui succédèrent. Pierre fit l'acquisition de la ferme de Chezy, en Orceois.

Après Hugues III viennent cinquante-huit prieurs qui ont occupé ce siége; nous n'entreprenons pas l'histoire de leur administration: elle ne renferme en général que l'exposé des nombreuses donations qui ont été faites à l'abbaye, et qui, par la suite des temps, se sont trouvées réduites définitivement à une valeur approximative de 6,000 fr. de revenu.

L'abbé Carrier, dans son *Histoire du Valois* nous a fourni la plus grande partie de nos documents, poursuit la nomenclature des prieurs, jusqu'à Pierre de Livry, 1270. Pour continuer cette histoire, nous avons eu recours à l'ouvrage intitulé : *Gallia christiana*, sous la rubrique Monasterium Sancti Arnulfi de Crespi.

Ce dernier ouvrage nous conduit jusqu'à Claude Baudinot, prieur en 1734, le même qui, en 1750, fut choisi par le chapitre général, pour diriger le couvent de Saint-Denis de la Châtre dans la Cité.

C'est sous son administration et celle de dom J.-B. Courtin, prêtre religieux de l'ordre de Cluny et prieur de Saint-Christophe de Ruffey, que fut fait, entre les religieux de Saint-Arnoul et le duc d'Orléans, un échange par lequel ce dernier cède et abandonne au prieur et aux religieux la ferme de Vaumoise et le moulin à eau banal, avec dépendances audit lieu. L'acte est du 30 mai 1756.

Dès cette époque il ne restait plus que cinq à six bénédictins, parmi lesquels : dom Jacques Palluy, mort à Meaux, chanoine honoraire, vers 1824 ; J.-B. Chabrier, qui fut visiteur de l'ordre et prieur du monastère de Crépy, décédé lors de la révolution, et dom Petipain, décédé à Crépy, qui se trouvaient encore à l'abbaye au moment de la dissolution de l'ordre par suite de la révolution.

Lors de la suppression de l'abbaye, en 1793, on y fit, comme dans beaucoup d'autres, du salpêtre; ensuite le district y tint ses assemblées pendant quelque temps. On voyait encore, à cette époque, dans le chœur un buste de saint Arnoul, en argent et d'une assez grande dimension.

Le 7 pluviôse an v, l'abbaye fut vendue aux sieurs Gaté et Maurice; ce dernier, ancien curé, devenu secrétaire en chef de l'administration cantonale.

Le 8 fructidor an VIII, cette propriété passa entre les mains de M. Alizet, dit Lorangé, ancien prêtre, qui fonda un pensionnat qui a été très suivi.

L'église fut démolie au commencement du siècle; il ne reste plus qu'une partie du cloître des novices qui est assez bien conservée et qui est occupée encore par le pensionnat tenu actuellement par M. Parant. Le musée de Compiègne possède plusieurs bas-reliefs provenant de Saint-Arnoul.

Le reste de l'établissement et les terrains ont été vendus à M. le baron Pelletier, et à M. Tétu, marchand de bois.

Il existe à la bibliothèque impériale, n° 9608-8, un manuscrit de Lettellier Louvois, contenant plusieurs pièces relatives à l'abbaye de Saint-Arnoul. Ce sont : un concordat et différents baux et pouillés des bénéfices dépendant du prieuré de Saint-Arnoul et à la collation du prieur. On y établit aussi les situation et qualité du supérieur.

Les principaux auteurs, auxquels on peut recourir pour le sujet que nous traitons, sont : Carlier, *Description du Valois*, auquel j'ai emprunté textuellement quelques passages.

Bergeron, *Levalois Royal*, 1583 ; Muldrac, *Levalois Royal amplifié*, etc., 1662 ; Templeux, *Description du Valois*, et enfin *Gallia christiana*, que nous avons déjà cité.

Un autre auteur, Poileux (*Histoire des ducs de Valois*), nous fournit des documents sur le sac de la ville de Crépy et d'une partie de l'église de Saint-Arnoul, par le duc de Bedford, dans la guerre de Cent-Ans (1431). Le chœur de Saint-Arnoul et la chapelle Sainte-Marguerite qui renfermaient les tombeaux des puissants comtes du Vexin et des seigneurs de la branche de Vermandois, furent entièrement détruits et n'ont jamais été réédifiés.

La ville de Crépy, dit Poileux, conserve encore un caractère de tristesse et de désolation qui rappelle involontairement ce siége. Villers-Cotterêts s'accrut des familles de Crépy dispersées à cette époque.

Amand Petit,
Membre correspondant de la Société de Sphragistique,
membre de plusieurs sociétés savantes.

www.ingramcontent.com/pod-product-compliance
Lightning Source LLC
Chambersburg PA
CBHW061524040426
42450CB00008B/1778